महाभारत
की कहानियाँ

विशाल स्वयंवर

सुभद्रा सेन गुप्ता

Om KIDZ
An imprint of Om Books International

कुंती एवं सभी पांडव अपने प्राणों की रक्षा के लिए वन में छुपकर जीवन व्यतीत करने लगे। हस्तिनापुर में सभी लोगों ने यह मान लिया था कि लाक्षा के महल में आग लगने से इन सभी की मृत्यु हो चुकी है। वे सभी ब्राह्मण के भेष में साधारण-सी कुटिया में रहते हुए एकचक्रपुर नगर में भिक्षा माँग कर जीवन यापन करने लगे।

एक दिन जब अर्जुन नगर में भिक्षा माँग रहे थे, तभी उन्होंने दो स्त्रियों को आपस में बातचीत करते हुए सुना।

प्रथम स्त्री ने कहा, "क्या तुमने सुना? राजा द्रुपद अपनी राजकुमारी द्रौपदी के लिए स्वयंवर का आयोजन करने वाले हैं!"

दूसरी स्त्री ने हैरान होते हुए कहा, "वाह! यह तो बहुत अच्छी बात है! अब संसार के सभी महान राजा पांचाल की धरती पर अपने पाँव रखेंगे। यह बहुत भव्य आयोजन होगा!"

राजा द्रुपद पांचाल साम्राज्य के महाराजा थे। उनके दो पुत्र एवं एक पुत्री थी। पुत्रों का नाम शिखंडी एवं धृष्टद्युम्न था। उनकी सुंदर पुत्री का नाम द्रौपदी था। उन्होंने द्रौपदी के स्वयंवर में सभी राजाओं तथा महाराजाओं को आमंत्रित किया, जहाँ द्रौपदी अपने पति का चयन करने वाली थी।

अर्जुन ने वापस लौटकर अपने भाइयों को स्वयंवर वाली बात बताई और उत्साहित होकर कहा, "हमें उस स्वयंवर में अवश्य जाना चाहिए! मैं विवाह के लिए राजकुमारी द्रौपदी का हाथ जीतना चाहता हूँ।"

युधिष्ठिर ने चिंता जताते हुए कहा, "हम वहाँ कैसे जा सकते हैं? हर कोई मानता है कि हम मर चुके हैं।"

अर्जुन ने उत्तर दिया, "हम पाँचों ब्राह्मण के भेष में जा सकते हैं।"

राजा द्रुपद का महल स्वयंवर के लिए तैयार किया जाने लगा। विवाह के लिए द्रौपदी का हाथ जीतने वाले राजाओं के लिए कड़ी चुनौती की तैयारी की गई। राज्य के सबसे श्रेष्ठ धनुर्धर को ही राजकुमारी मिलने वाली थी।

धनुर्धर को सबसे पहले शिव के शक्तिशाली धनुष की प्रत्यंचा खींचनी होगी। उसके बाद ऊपर छत पर घूम रही लकड़ी से बनी मछली पर अपना लक्ष्य साधना होगा। धनुर्धर सीधे अपने लक्ष्य को नहीं देख सकता। उसे नीचे बने तालाब में मछली के प्रतिबिम्ब को देखते हुए उसकी आँख भेदनी होगी।

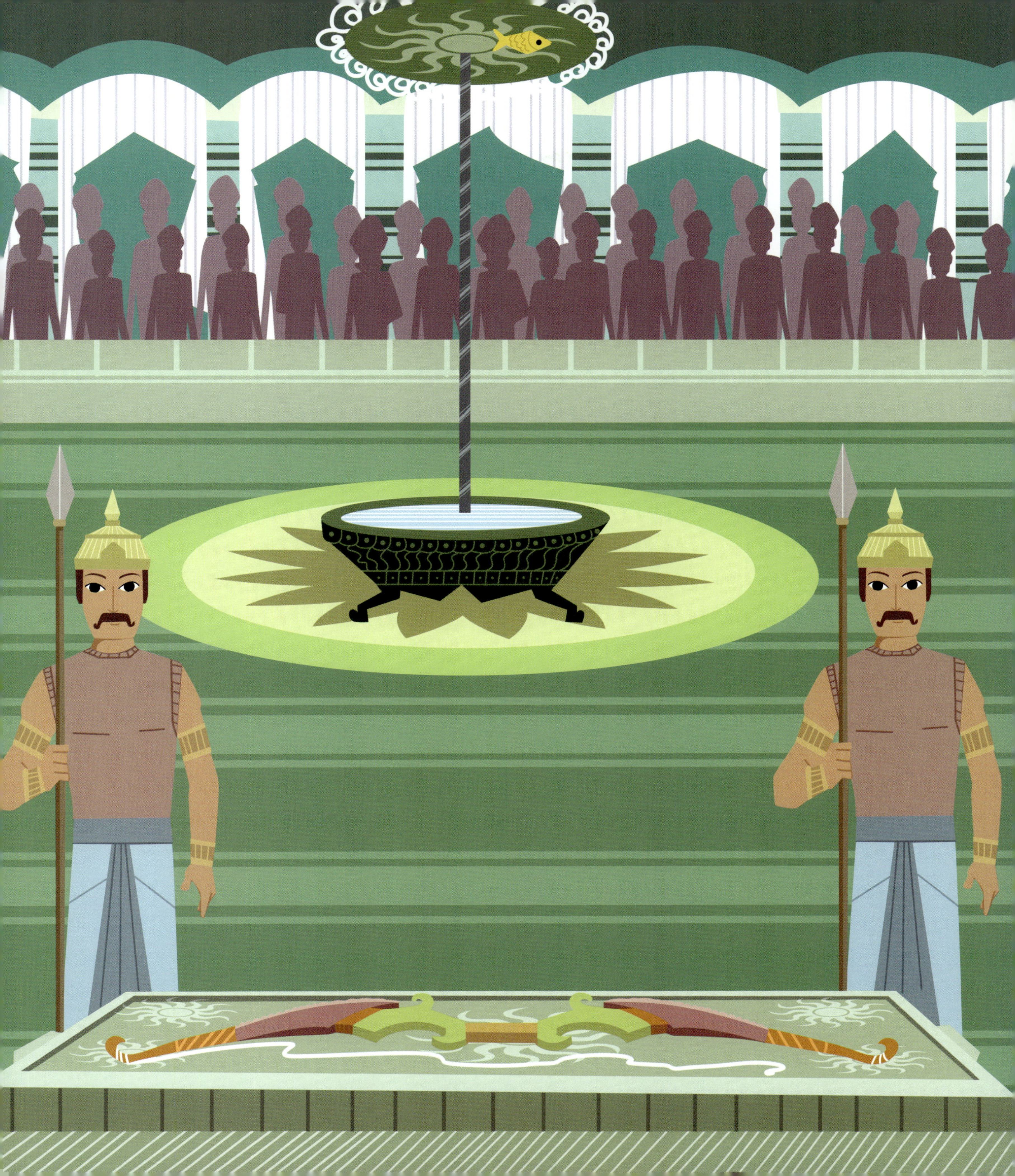

पांडव भीड़ में बैठकर सभी महान राजाओं को एक के बाद एक लक्ष्य पर निशाना साधते और असफल होते हुए देख रहे थे। उनमें से कुछ तो धनुष को उठा भी नहीं पाए। शेष राजा उसकी प्रत्यंचा खींचने में असफल हुए और इस प्रकार कोई भी लक्ष्य को प्राप्त नहीं कर सका।

जब सभी राजा असफल हो गए, तो द्रुपद ने ब्राह्मणों को आमंत्रित किया। अर्जुन उठा और धनुष के निकट गया। उसने बड़ी ही आसानी से धनुष को उठाया और उस पर प्रत्यंचा चढ़ाई। उसके बाद तालाब के जल में प्रतिबिम्ब को देखते हुए उसने शीघ्रता से घूमती हुई मछली की आँख को तीर से भेद दिया।

द्रौपदी ने अर्जुन के गले में स्वयंवर की माला डाली और पांचाल के लोग उत्सव में लीन हो गए। द्रौपदी एवं अर्जुन का विवाह हो गया और सभी निराश राजा क्रोधित होते हुए वहाँ से चले गए।

एक व्यक्ति के अलावा कोई भी पांडवों को नहीं पहचान पाया। यह व्यक्ति मथुरा के राजकुमार और कुंती के भतीजे कृष्ण थे। वे समझ चुके थे कि उनके भाई जीवित हैं। पांडवों के पांचाल के महल से निकलते ही कृष्ण ने शांतिपूर्वक उनका पीछा करना आरम्भ कर दिया।

सभी पांडव प्रसन्नतापूर्वक द्रौपदी को लेकर वन में अपनी कुटिया की ओर निकल पड़े। अब शक्तिशाली द्रुपद उनके मित्र बन चुके थे। पांडवों ने योजना बनाई कि वे सभी एक बार पुनः हस्तिनापुर के लोगों के सामने अपने वास्तविक रूप में आएँगे।

पांडव वन में अपने घर पहुँचे। वहाँ पहुँचते ही युधिष्ठिर ने अपनी माता को पुकारते हुए कहा, “माते, बाहर आइए और देखिए कि हम आपके लिए क्या लाए हैं!”

कुटिया के भीतर बैठी कुंती ने सोचा कि उसके पुत्रों को भिक्षा में कोई अच्छी वस्तु मिली है। इसलिए उसने कहा, “तुम्हें जो कुछ भी प्राप्त हुआ है उसे आपस में बराबर-बराबर बाँट लो।”

कुटिया के बाहर सभी भाई एक-दूसरे को हैरानी से देखने लगे। उन्हें अपनी माता के आदेश का पालन करना था किंतु वे अर्जुन की पत्नी द्रौपदी का बँटवारा कैसे कर सकते थे?

अर्जुन ने चीखते हुए कहा, “ओह माँ! यह आपने क्या किया?”

जब कुंती बाहर निकली तो अर्जुन ने कहा, "यह द्रौपदी है, पांचाल राज्य के राजा द्रुपद की पुत्री। स्वयंवर में विजयी होकर मैंने इससे विवाह किया है।"

युधिष्ठिर का मानना था कि उन सभी को कुंती के आदेश का पालन करना चाहिए और इस प्रकार यह तय हुआ कि द्रौपदी का विवाह पाँचों भाइयों के साथ होगा।